2. Auflage 2013

Erschienen bei FISCHER Duden Kinderbuch

© S. Fischer Verlag GmbH, Frankfurt am Main 2013
„Duden" ist eine eingetragene Marke des Verlags Bibliographisches Institut GmbH, Berlin.

Fachberatung: Ulrike Holzwarth-Raether
Layout und Satz: Michelle Vollmer, Mainz
Illustration Lesedetektive: Barbara Scholz
Umschlaggestaltung: Mischa Acker, Mannheim
Druck und Bindung: Offizin Andersen Nexö Leipzig GmbH
Printed in Germany
ISBN 978-3-7373-3527-0

Abc-Vorlesegeschichten Piraten

Dagmar Binder

mit Bildern von Dorothea Tust

FISCHER Duden Kinderbuch

Ahoi!

Im Hafen von Agadir liegt die „Santa Anna".
Der Piratenfrachter ist klar zum Auslaufen.
„Alle Mann an Deck und abzählen", brüllt Hakenhand, der Kapitän.
Sogar der Papagei krächzt laut: „Aye, aye!" Eins, zwei, drei, vier, fünf, sechs, sieben … Aber wo ist Aramir? Der sitzt oben auf dem Mast und ruft: „Ahoi!" Da wollen auch die anderen Piraten nicht länger warten und segeln zu neuen Piraten-Abenteuertaten.

Welche Wörter fangen mit einem A an:
Anker, Anna, Ananas, Affe, Kanone, Angel?

Am Computer

Kapitän Conny segelt von Costa Rica nach Caracas
auf der Suche nach schwer beladenen Schiffen.
Doch bei 40 Grad im Schatten
macht auch Kapitän Conny schlapp.
Er verschwindet in seiner Kajüte
und spielt Seeschlacht am Computer.

La Cucaracha,
La Cucaracha,
dudurududu …

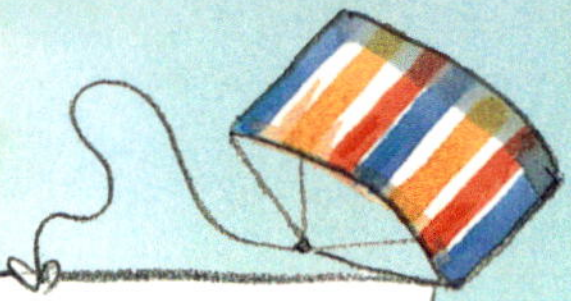

D, d

Dressierte Delfine

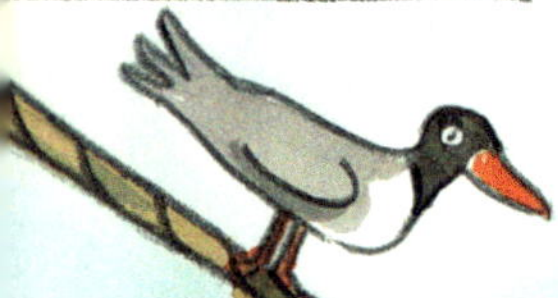

Dragan und Dodomir dressieren drei drollige Delfine, während der dicke Daddel und der doofe Dödel an Deck des Datteldampfers vor sich hin dösen.

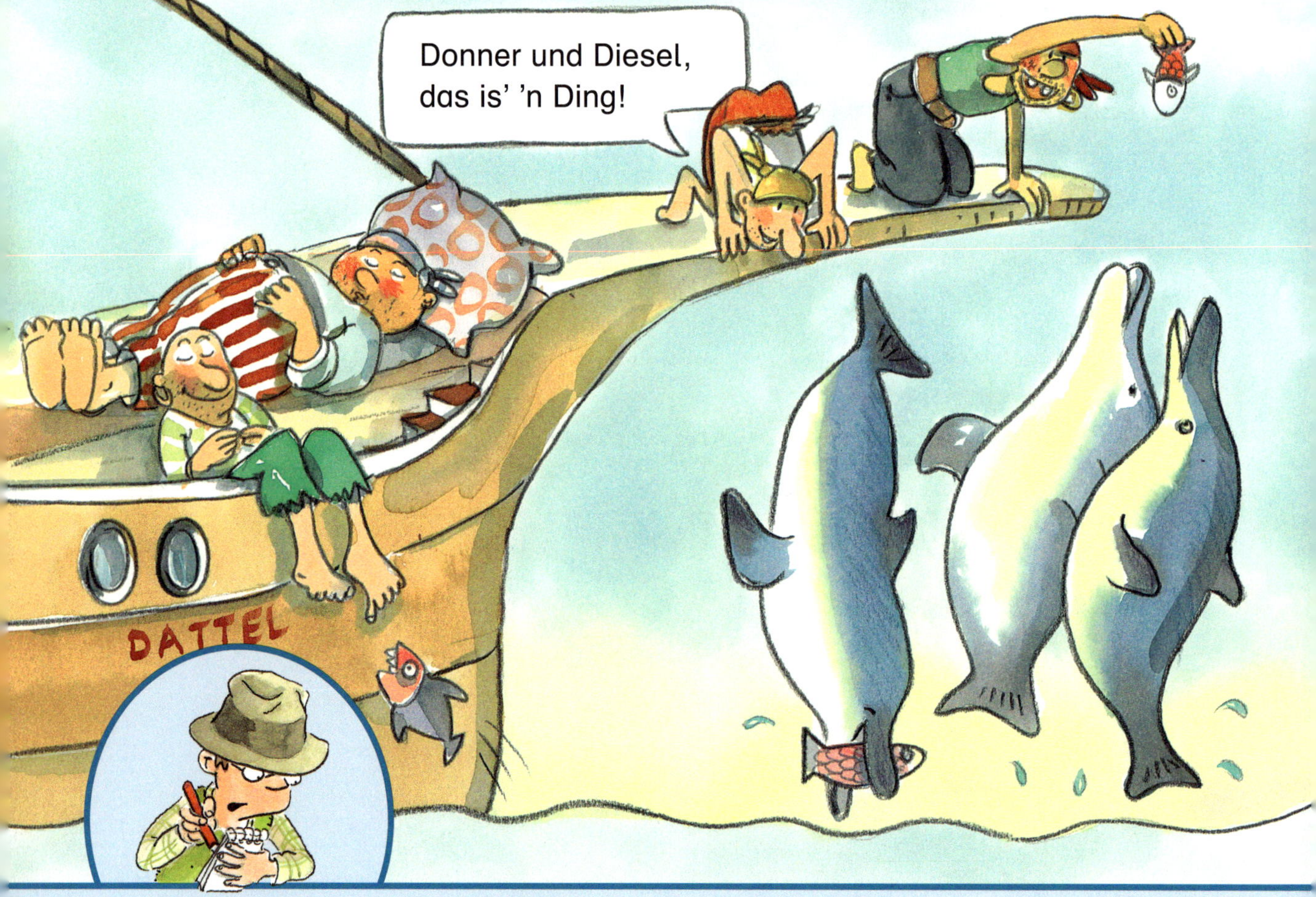
Donner und Diesel,
das is' 'n Ding!
DATTEL

Sprich laut:
Bei welchen Wörtern im Bilderdomino hörst du am Anfang ein *D*?

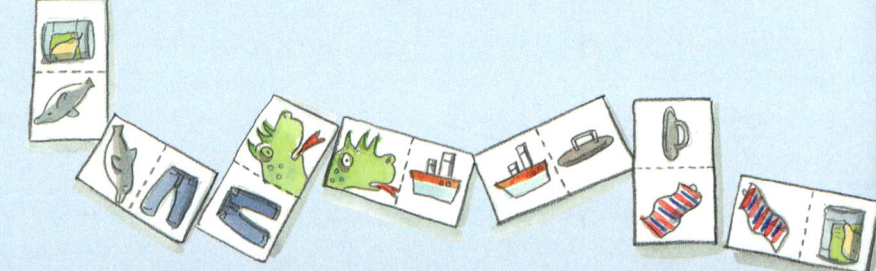

Ede, das Piratenschw(ei)n

E, e

Im Buchstaben-Meer schwimmen viele E, e.
Trifft ein E, e ein i,
dann schwimmen die beiden als Ei, ei weiter.
Im Text sind diese Buchstaben als ◯ geschrieben.

Ede, ein Schw(ei)n, noch kl(ei)n,

geht ganz all(ei)n in die w(ei)te Welt hin(ei)n.

(Ei)n Schw(ei)n all(ei)n, das ist nicht f(ei)n,

denkt sich das klitzekl(ei)ne Ede-Schw(ei)n:

„Bevor ich gl(ei)ch noch w(ei)ne,

such ich mir wilde Schw(ei)ne.

Dann werden wir gem(ei)ne

Piratenschw(ei)ne!"

Was kannst du bei Ebbe am Strand finden?

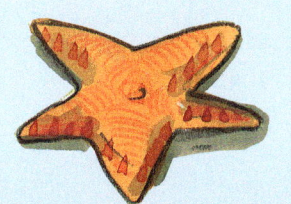   

Piratengesetze

Unter der Piratenflagge gelten strenge Gesetze:

- Gehorsam gegenüber dem Kapitän
- Gnadenlos gegen Gegner
- Gegenseitig helfen
- Gemeinschaft achten
- Alles geheim halten
- Gleiches Gold für alle
- Kein Gerangel, Geschubse und Gegröle an Deck

Grausame Strafen für gebrochene Gesetze:

Gurgeln mit grünem Gewürztee

Seemannsgarn spinnen

Gruselige Grimassen schneiden

Gummiboot aufblasen

H, h

Der fliegende Holländer

Hugo Hakenhand schaukelt in der Hängematte hin und her.
Es ist heiß im Hafen von Honolulu.
Hund Hasso hechelt in der Hitze.
Durch sein Fernglas schaut Hugo hinaus aufs Meer.
Am Horizont erscheint ein Schiff mit wehenden Segeln.
Das Schiff nähert sich rasch.
Am Heck flattert eine Fahne.
„Herrje, der ‚Fliegende Holländer'", haucht Hugo und hüpft aus seiner Hängematte.
Ihm rutscht das Herz in die Hose.
Da taucht dichter Nebel auf, und das Schiff verschwindet im Nichts.

Zu welchen H-Wörtern findest du ein passendes Reimwort?

I, i

Die Pirateninsel

Irgendwo im Indischen Ozean liegt eine klitzekleine Insel mit zwei Palmen: die Zwei-Palmen-Insel.
Irgendwann sind die Piraten Ibi und Ibo mit ihrem Schiff hier gestrandet. Weil sie nicht schwimmen konnten, sind sie geblieben. Irgendwie fühlen sich die zwei Piraten inzwischen ganz wohl auf der Zwei-Palmen-Insel.
Ibi lebt auf der einen Palme, Ibo auf der anderen. Immer dienstags schwingt sich Ibi mit einer Liane zu Ibo. Dann spielen die beiden zusammen „Pirat, ärgere dich nicht!".

Sprich laut. In welchem Wort hörst du ein I, i?

J, j | Juxpiraten

Das Leben der Juxpiraten ist nix für Jammerlappen. Jederzeit jonglieren sie mit vollen Joghurtbechern. Oje!
Dazu jodeln, jubeln und jauchzen die Juxpiraten, jippie, jippie, jee! Jedoch jammern tun sie nie.

Welcher Juxpirat spielt mit dem Jo-Jo: JAN, JENS, JOE, JULIUS oder JESSE?

In der Kombüse

Knut, der Koch, kocht Kraut mit Krabben:
„Wer hat die Kapern gekapert?"
Das heißt in der Piratensprache: „Wer hat das Gewürz geklaut?"
Und Kombüse nennt man die Küche auf dem Kutter.

Kleine Krabben krabbeln schneller, als große Krabben krabbeln.

**Lass dir den Krabben-Zungenbrecher mehrmals vorlesen.
Kannst du ihn nachsprechen?**

L, l Im Labyrinth

Leo und Lulatsch, die letzten Piraten auf der Liliput-Insel, suchen den Weg durchs Bilderlabyrinth.

ZIEL

**Führe die Piraten schräg und geradeaus durch die Bilder.
Der richtige Weg geht aber nur über Wörter, die mit L beginnen.**

Die Matrosen des Dreimasters „Mirabelle"

Max, der Schwer-Matrose
Moritz, der Leicht-Matrose
Michi, der Zu-leicht-Matrose
Manfredo, der Vielleicht-Matrose
Miroslav, der Ohne-Hose-Matrose
Mara, das Matrosen-Mädchen

**Bei wem hat sich eine kleine weiße Maus versteckt:
MICHI, MORITZ, MIROSLAV, MANFREDO, MARA oder MAX?**

N, n Nach Norden

"Nie und nimmer finden wir den Weg nach Grönland
und schon gar nicht nachts!", nörgelt Nepumuk.
"Na klar", meint Knut,
"wir nutzen den Polarstern, der zeigt uns
den Weg nach Norden in der Nacht."
"Und morgen segeln wir einfach der Nase nach,
dann kann nix schiefgehen",
lacht Norbert, der Steuermann der „Nautilus".
"Kurs Nordnordost bis zur Sandbank
mit den großen Kokosnüssen."

Findest du zu diesen N-Wörtern passende Reimwörter?

P, p Piratenparty unter Palmen

Punkt 12 Uhr beginnt die Party
der Pantoffelpiraten auf der Papageieninsel
mit Peperonipizza, Paddelweitwurf,
Wettpupsen und Weitpinkeln.

Endeckst du im Bild die Pommes, die Pizza, den Papagei, die Paddel, die Perlenkette, die Pyramide, die Posaune und die Pistole?

Q, q Quallen-Quatsch

So 'n Quatsch!

Vier Quallen schweben im Quartett
quietschvergnügt im Wasserbett.
Sie quibbeln und quabbeln
und bibbeln und babbeln
und schweben gleich Engeln
dahin, ohne zu quengeln.
Doch das kommt auch am Äquator –
ganz ohne Quatsch – nicht so oft vor.

R, r

Rudis Piraten-Reisebüro

Auf einem Plakat geht es um eine Reise nach RIO, auf einem anderen um eine Reise zu einem RIFF. Entdeckst du, wo?

S, s Schatzsuche auf Sansibar

Sieben Seeräuber sind auf Schatzsuche nach sagenhaften Schmuggelschätzen.

Silvio Smutje Sergej Sascha Sixtus Saulus Sven

Die alte Schatzkarte ist schwierig zu lesen:

… in der Sardellenbucht …
… zuerst nach steuerbord …
… dann sechs Schritte nach Süden …
… der Säulenkaktus im Schatten der …
… im Sandstrand …

Zum Schnellsprechen:

Strandsand vom Sandstrand
wird Sandstrand aus Strandsand
oder bleibt Strandsand vom Sandstrand.

Sch, sch

Die Seeräuber Sven, Sascha, Sixtus,
Saulus, Silvio, Sergej und Smutje, der Schiffskoch,
sind ratlos. Wo sollen sie suchen?
Da hilft nur eins:
die Schaufeln holen, Sand umschippen
und dabei in der Sonne schwitzen.

Alles saublödes Seemannsgarn mit dem Schatz …

So 'n Schiet!

Du Scherzkeks!

**Sprich die Wörter zu den Bildern.
Was würdest du auf eine Schatzsuche mitnehmen?**

T, t Die Schatztruhe

Tief unten im Meer liegt eine alte Truhe.
Sie liegt schon seit Jahren dort
und ist mit Tang bedeckt.
Ein klitzekleiner Spalt steht offen.
Da hängt eine Goldkette heraus, die glitzert.
Trullo, der Pirat, entdeckt die Truhe beim Tauchen.
„Da sind bestimmt tausend Golddukaten drin", denkt Trullo.
Begeistert öffnet er die Truhe und tatsächlich:
alles voll mit Glitzerschätzen!
Doch mittendrin sitzt Trixi, der Tintenfisch,
und spritzt ganz plötzlich seine Tinte auf Trullo.
Der Trick zieht immer und vertreibt auch Piraten.

Kannst du den Bandwurmsatz lesen? Trenne die Wörter durch Striche ab.

TRIXISPRITZTTINTEAUFTRULLO

Unter Wasser

U-Boot-Piratenkapitän Udo ist
mit seinem Turbo-U-Boot immer unterwegs
auf der Suche nach versunkenen Schaluppen.
Durch das runde Bullauge schaut Udo hinaus.
Wunderliche Tiere leben auf dem Grund des Meeres,
aber kein Schatz weit und breit.
Einmal hätte ein Unterwasser-Ungeheuer
fast sein U-Boot verschluckt.
Doch da ist Udo schnell wieder aufgetaucht.
Das ist gerade noch mal gut gegangen.

Setze in jede Lücke ein U. Kannst du den Satz jetzt lesen?

FAST HAT EIN ☐NTERWASSER☐NGETÜM

DAS R☐NDE ☐-BOOT VERSCHL☐CKT.

V, v

Vier verruchte Piraten

Auf der  einer verfallenen

sitzen 4 verlotterte Kerle.

Die vier sind Vettern und heißen

Valentino, Vasco, Valerian und Vittorio.

Vor langer Zeit waren sie verruchte  .

Mit ihrem 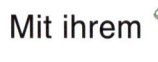, der „Verrosteten Veronica",

haben sie voll beladene  verfolgt

und sie vor Madagaskar versenkt.

Aber das ist schon lange vorbei.

Von allem ist ihnen nicht viel geblieben,

nur eine verbeulte , eine verstimmte

und die verwitterte  .

Das Wrack

Das Wrack der „Wazabe" liegt westlich von Afrika
vor der Walbucht in tiefem Gewässer.
Vor langer Zeit war das Schiff gesunken.
Wieso? Weshalb? Warum?
Wer kann das wissen?
Vielleicht ein Wirbelsturm oder wilde Piraten?
Heute wachsen wunderschöne Wasserlilien
auf dem alten Wrack.
Und drinnen wohnt Wanda, der Wal.

Wie heißt der Wal?
Und wo im Bild entdeckst du den Namen des Wracks?

X, x Verflixt!

Die Nixe knickste und fiel um.
„Das macht doch nix!",
sagt sie ganz fix
und knickst noch mal
ganz ohne Tricks.

Ergänze in jedem Wort das X. Sprich die Wörter laut.

HE☐E BO☐ER TA☐I A☐T JU☐

Y, y

Schatzsuche auf Yosu

Yannik segelt mit der Yacht „Yaelle“
zur Pirateninsel Yosu.
Auf der Insel sind Buchstaben versteckt.

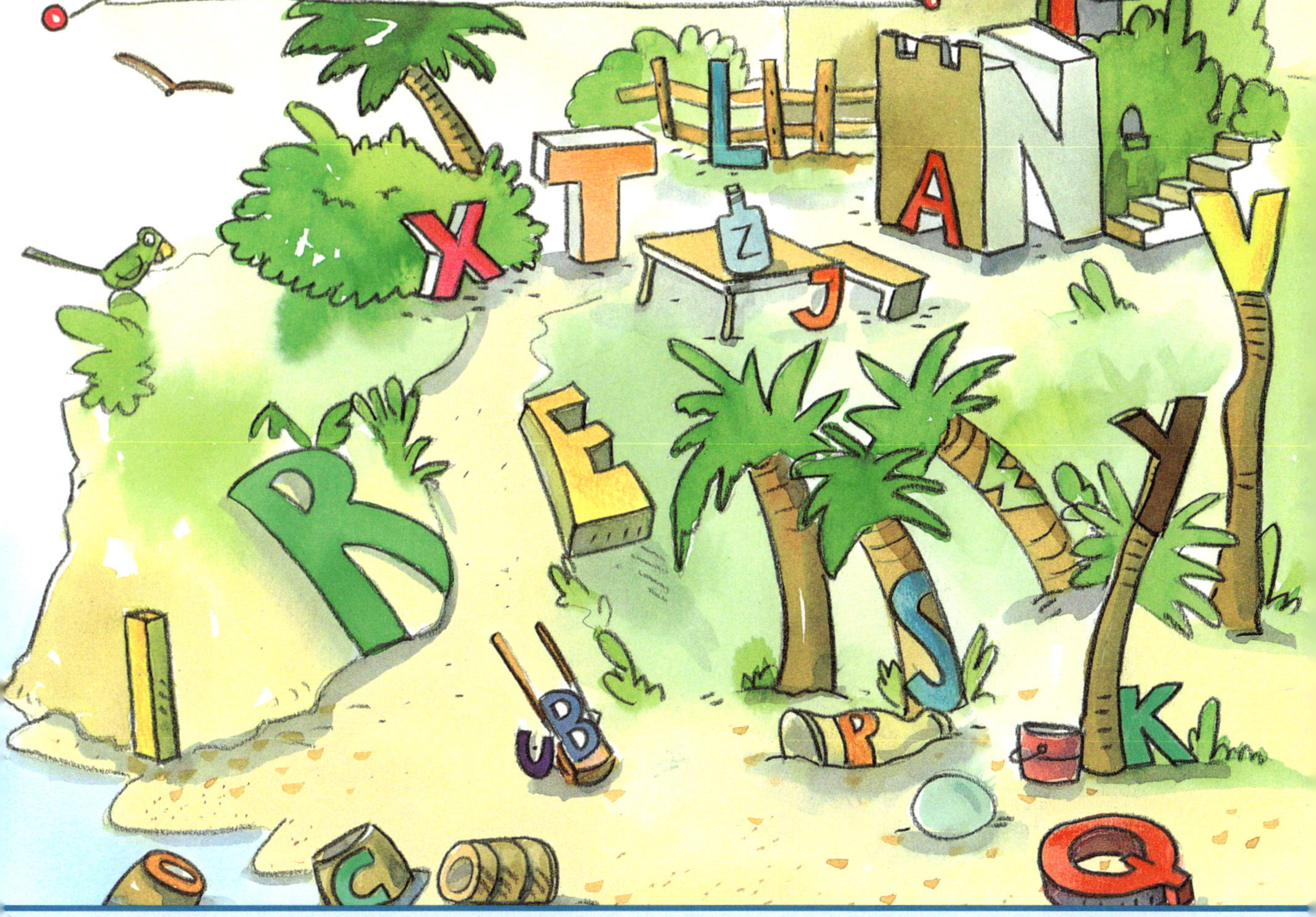

Welche Buchstaben aus dem Alphabet fehlen im Bild?
Streiche die Buchstaben, die du gefunden hast, durch.

A B C D E F G H I J K L M N O P Q R S T U V W X Y Z

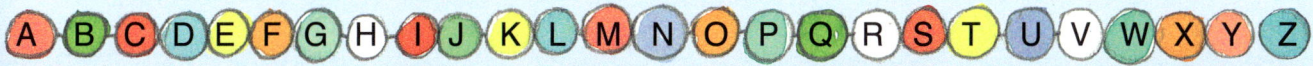

Z, z Das Zauberschiff

Die Piratenzwillinge Zorg und Zausel
können zwar nicht bis drei zählen,
aber zimperlich sind die zwei nicht.
Ohne zu zögern, schmeißen sie zielsicher
matschige Zwetschgen auf das Schiff der zitternden Zwerge.
„Zapperlott!", zischt Zwergenprinz Zacharias.
„Bevor sie Zwetschgenmatsch aus uns machen,
zaubern wir uns nach Zaramundia zurück."
Und zack, sind alle zwölf Zwerge weg!

Schlachtruf für Piraten

ZICKE ZACKE, ZICKE ZACKE, HOI, HOI, HOI!

Zauberspruch für Zwerge

ZWICK, ZWACK, ZWECK, DA SIND DIE ZWERGE WEG!

ZOTTELZICKE

Das Piraten-Abc im Rückwärtsgang

ZYX

Für Piraten ist das nix.

WVUTSRQ

Hör gut zu, das geht im Nu.

PONMLK

Für Piraten geht das klar.

JIHGFE

Schau mal an, das tut nicht weh.

DCB   A

Leinen los, wir sind schon da!

Lösungen

A: Anker, Anna, Ananas, Affe, Angel

B:

D: Dose, Delfin, Drache, Dampfer, Deckel

F:

Frosch

H: Hose – Dose; Hund – Mund; Hammer – Kammer – Klammer – Jammer; Haus – Maus; Hummer – Kummer; Herz – Schmerz – Scherz

I: Igel, Zitrone, Pinsel, Tisch

J: JOE

L: Leiter, Lampion, Löwe, Leuchtturm, Lupe, Luftballon, Libelle, Löffel, Lorbeerkranz

M: MARA

P:

R: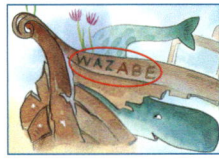

T: TRIXI SPRITZT TINTE AUF TRULLO.

U: FAST HAT EIN UNTERWASSER-UNGETÜM DAS RUNDE U-BOOT VERSCHLUCKT.

W: Der Wal heißt WANDA.

X: HEXE, BOXER, TAXI, AXT, JUX

Y: D, G und M fehlen im Bild.

Lesedetektive – Erstlesebücher

Der Lesedetektiv begleitet auch Grundschulkinder beim Lesenlernen. Fragen zum Text fördern gezielt das Leseverständnis. Mit Detektivwerkzeug zum Entschlüsseln der Antworten.

Jeweils
32 Seiten
15,3 × 22,8 cm
Gebunden

1. Klasse

- Benno und das Mondscheinauto
  ISBN 978-3-7373-3600-0
- Das verschwundene Geschenk
  ISBN 978-3-7373-3542-3
- Ein Bär reißt aus
  ISBN 978-3-7373-3544-7
- Klarer Fall für Anna Blum!
  ISBN 978-3-7373-3562-1
- Finn und Papa spielen Steinzeit
  ISBN 978-3-7373-3524-9
- Amelie lernt hexen
  ISBN 978-3-7373-3553-9

Lesedetektive – Mal mit!

- Neuartige Kombination aus Erstlese- und Malbuch für kreative Leseförderung
- Das Kind vervollständigt die Illustrationen selbst anhand des Textes
- Der Lesedetektiv hilft durch gezielte Aufgaben, die zeichnerisch gelöst werden

1. Klasse
- Ritter Flori und die Rache der Gespenster
  ISBN 978-3-7373-3609-3
- Die kleine Elfe Elvira
  ISBN 978-3-7373-3608-6
- Prinzessin Ella sucht das Abenteuer
  ISBN 978-3-7373-3519-5
- Zauberlehrling Mimo
  ISBN 978-3-7373-3518-8

Jeweils
48 Seiten
19,4 × 23,4 cm
Broschur

Weitere Titel auf **www.lesedetektive.de**